SOCIAL MEDIA MARKETING

Sommario

SOCIAL MEDIA MARKETING 1

CAPITOLO 1 3

    Definizione di Social media marketing 3

CAPITOLO 2 12

    Facebook 12

CAPITOLO 3 39

    Instagram 39

CAPITOLO 4 72

    Quora 72

CAPITOLO 1

Definizione di Social media marketing

Il Social media marketing comprende tutte quelle strategie ideate apposta per le piattaforme social, attraverso le quali aziende e brand cercano di promuovere i propri prodotti o servizi, raggiungere nuovi clienti o coinvolgere maggiormente quelli attuali e costruire e diffondere la propria immagine e i propri valori.

Spesso viene affiancato al digital marketing, ma in realtà soltanto in parte perché chi investe in marketing digitale sviluppa delle strategie più complicate che includono investimenti diversificati e mirano anche a tutti quei settori digitali di media che sono più tradizionali come radio e televisione.

Quindi, il digital marketing sfrutta tutti i canali digitali per promuovere il prodotto o il brand, mentre il social media marketing ha come riferimento soltanto le piattaforme social.

Per comprendere nel migliore dei modi fini e scopi, occorre effettuare un'altra importante differenza: il social media marketing non è, o per lo meno non è solo, social media advertising.

Nel secondo caso ci si riferisce a strategie paid, ovvero, la maggior parte delle piattaforme social ha sviluppato nel corso degli anni degli strumenti a pagamento, come le Facebook Ads, che permettono di controllare il proprio investimento e impostare campagne con lo scopo di raggiungere il proprio target di riferimento, migliorare le conversioni, riuscire nella lead generation e così via.

Il social media marketing migliora anche la presenza digitale del brand o del soggetto in questione, in un'ottica dove la presenza digitale di un brand è legata alla sua stessa visibilità e al suo posizionamento e anche alle decisioni d'acquisto dell'utente finale.

Una strategia valida di social media marketing non può essere improvvisata dal nulla, ma richiede di prendere in considerazione diversi fattori.

Un brand nuovo, che si butta in un mercato sconosciuto o anche un marchio ben noto che ha cominciato un'operazione di brand extension, per esempio, potrebbero aver bisogno di migliorare notevolmente la loro brand awareness .

Una campagna basata sui social media marketing potrebbe essere quello che fa al caso nostro, però, anche quando si decida di lanciare un nuovo prodotto e si voglia giocare creando una certa attesa e i feedback della propria community potrebbero essere ugualmente utili, per esempio, quando si pensa ad operazioni di rebranding.

Altro fattore da considerare è il proprio target di riferimento. Sfatiamo il mito secondo cui i social sono adatti soltanto alle persone più giovani. È vero, però, che conoscere abbastanza bene i propri target di clienti può aiutare ad articolare la propria presenza.

Non c'è niente di più errato che pensare di dover essere ovunque. Ogni social ha delle proprie caratteristiche e può essere più adatto per rivolgersi ad un certo tipo di target di utenti o raggiungere un determinato obiettivo.

E ancora altro fattore è il budget che si ha a disposizione. I social non sono gratis, ma richiedono che vengano allocate delle risorse apposite.

Ogni attività di social media marketing va affidata ad un professionista del settore.

Un buon social media manager affianca più reparti e più professionisti diversi soprattutto quando si parla di attività che riguardano il front office e la comunicazione.

Tra le sue principali attività troviamo quelle di definire una strategia di contenuti e pensare a un piano editoriale dedicato.

Infatti, i contenuti sono la base sulla quale costruire la propria presenza digitale e chiedersi cosa possa essere di valore per la propria pagina.

Altre figure importanti sono le buyer personas, , ovvero, degli esempi dei propri utenti digitali. Avere un ritmo di pubblicazione che sia costante e riuscire a trovare gli orari migliori per i propri post, sono tra quelle accortezze che aiutano a fidelizzare maggiormente gli utenti.

Coloro che lavorano con il social media marketing dovrebbe lavorare sempre a stretto contatto con il community manager e anche se non fosse così, quanto meno le due attività dovrebbero essere parte di una visione integrante.

Spesso, poi, il social media marketing lavora a contatto con l'influencer marketing.

L'idea di base è che nell'era in cui viviamo ci si

fidi più delle persone e meglio se si tratta di leader, esperti, professionisti dei singoli settori di riferimento: per tal motivo coinvolgerli nella propria strategia social può essere molto proficuo e i modi in cui lo si possa fare sono ormai tanti.

Oltre a tutte le attività che si possono fare sui social, esistono anche attività di ascolto e di analisi.

Un approccio passivo è quello che viene adottato dalle aziende che muovono i primi passi sulle piattaforme social: serve a comprendere cosa gli utenti stanno già dicendo a proposito del proprio prodotto o il livello delle conversazioni che riguardano il proprio brand di riferimento.

Le attività che si occupano del monitoraggio dei contenuti sui social sono importanti.

Fortunatamente oggi esistono tantissimi tool per il social media monitoring.

Ma di quali fattori si deve tener conto per la social media analytic?

Ovviamente dipende dagli obiettivi prefissati.

Possiamo dire che accanto a vanity metrics grossolane e prettamente quantitative ne esistono di più robuste che misurano la engagement effettivo o il ritorno sull'investimento effettuato.

Quali sono i vantaggi del social media marketing rispetto a forme più tradizionali di marketing e di investimento pubblicitario?

Partiamo dal presupposto che anche la migliore strategia di social media marketing non può esistere se sola, infatti, ha bisogno di essere parte di un piano di comunicazione aziendale più grande e strutturato.

Il principale vantaggio del social media marketing è che si tratta di una strategia poco invasiva: più vicina all'idea di inbound marketing che a quella di marketing dell'interruzione, il marketing sui social raggiunge i suoi destinatari laddove si trovano in modo spontaneo e, se fatto bene, in quei momenti strategici all'interno del processo decisionale e del viaggio del consumatore.

Altri vantaggi sono una maggiore targettizzazione e la possibilità raggiungere anche piccoli segmenti di pubblico insieme alla possibilità di rimodulare in fase d'opera gli aspetti meno convincenti della campagna.

Le aziende affinché rimangano competitive sul mercato è importante che possano adottare strumenti e funzionalità innovative che siano facilmente accessibili e capaci di offrire un ritorno immediato sull'investimento.

Non è possibile ignorare come con il corso del tempo le diverse piattaforme social abbiano sviluppato strumenti ad hoc e nativi per i dispositivi mobili.

Alcune tecniche di social media marketing

presentano dei dubbi a livello etico: fare real time marketing a tutti i costi e di fronte a qualsiasi tipo di notizia rischia di viziare anche una buona strategia digitale.

Ma nello stesso tempo ci sono tante campagne di social media marketing che hanno fatto strada.

Ci sono settori più di altri, comunque, in cui il social media marketing si rivela efficace e tra i canali migliori per raccontare bene il prodotto al target giusto, ad esempio i settori come il food&wine oppure quello cinematografico.

CAPITOLO 2

Facebook

Facebook è il social network più usato al mondo, con oltre due miliardi di iscritti e quasi 30 milioni di utenti in Italia.

Fondato nel 2004 da Mark Zuckerberg, si è diffuso in Italia soltanto dal 2006.

Possiamo dire che è stato il precursore dei social moderni, a cui sono poi seguiti i vari Instagram, Google +, Twitter e così via.

Inizialmente esistevano social molto più brutti e limitati, ad esempio MySpace, che non avevano proprio le potenzialità di Facebook a livello di marketing e promozione di un brand aziendale o personale.

Qualora avessimo intenzione di usare Facebook per promuovere prodotti, dobbiamo abbandonare l'idea di farlo attraverso il nostro profilo personale perché violerebbe le normative del social e potremmo ritrovarci l'account chiuso senza preavviso dall'oggi al domani.

Ci sono tre strumenti molto più efficaci che possiamo adottare su Facebook per sponsorizzare i nostri prodotti raggiungendo molte più persone e senza violare le normative, cioè, il gruppo, la pagina e la piattaforma di advertising.

In pratica possiamo promuovere i nostri prodotti o il nostro personal brand sia in modo organico, ovvero, facendo in modo che le persone ci trovino navigando normalmente, sia pagando per pubblicizzare un annuncio specifico.

Facebook ci permette di creare gruppi su un argomento o un personaggio in modo del tutto gratuito. All'interno del gruppo abbiamo modo di creare una community di persone interessate agli argomenti di cui parliamo. Il vantaggio è che in un gruppo è molto facile stimolare la conversazione e lo scambio di opinioni tra utenti, ma al contrario non è possibile fare sponsorizzate per favorirne la crescita.

Fino a poco tempo fa, far crescere una pagina era quasi come un gioco, infatti, facebook offriva una grande visibilità ai post e si potevano raggiungere anche organicamente centinaia di migliaia di persone.

Ma, con il passare degli anni, Facebook ha ridotto sempre di più la visibilità organica delle pagine per promuovere la pubblicità a pagamento. Il vantaggio della pagina è proprio che è necessaria per accedere alla piattaforma pubblicitaria e con un investimento di pochi euro al giorno possiamo vederla crescere.

Fino a qualche anno fa, il sito web era il non plus ultra per chi aveva un'azienda o voleva promuoversi come professionista.

Oggi, tutto ciò è stato fortemente minacciato dalla pagina Facebook. Diciamo che l'ideale sarebbe averli entrambi ben ottimizzati, funzionali e che lavorino in perfetta sintonia tra di loro. Ma se ci apprestiamo a cominciare, abbiamo un budget limitato e soprattutto vogliamo testare se le cose si mettono per il verso giusto o meno, allora, la pagina Facebook è certamente lo strumento ideale per partire.

Avere una pagina Facebook offre oggi praticamente tutto il necessario per promuovere il nostro business. Possiamo pubblicare foto, video, testi, brevi clip e molto altro e mettere questi contenuti davanti agli occhi di milioni di persone. Soprattutto, è gratuita e facilissima da creare.

Il sito web ha sicuramente i suoi vantaggi, ma anche degli ostacoli non indifferenti, come ad esempio:

- Costi di hosting

- costi per il nome di dominio

- ottimizzazione per i motori di ricerca

- definizione del design
- Gestione dei contenuti del sito
- potrebbe in ogni momento verificarsi un problema tecnico o un attacco hacker e dovremmo ricorrere ad un tecnico per risolvere

Tutto ciò senza pensare che se decidessimo di sponsorizzare i nostri contenuti attraverso pubblicità, Facebook non vedrà bene quegli annunci che rimandano a una destinazione esterna al social con la conseguenza di un aumento dei costi della pubblicità stessa. Promuovendo un contenuto della pagina, invece, gli annunci rimandano sempre all'interno della piattaforma e questo significa costi minori e maggiori risultati.

Creare una pagina è molto semplice e veloce.

Probabilmente sapremo farlo anche andando ad intuito, ma qui vedremo insieme come crearla e configurarla nel giusto modo.

Prima di cominciare, la procedura che vedremo sarà quella che dovremo usare se creiamo la pagina da PC, ma anche se decidessimo di usare uno Smartphone.

Per cominciare apriamo Facebook alla Home del nostro profilo personale, clicchiamo sul pulsante + in alto a destra.

A questo punto verrà chiesto di dare un nome alla nostra pagina, di scegliere una categoria e di scrivere una breve descrizione.

Per quanto riguarda il nome, se la nostra è una pagina per promuovere il nostro personal brand, possiamo tranquillamente usare il nostro nome e cognome.

Invece, qualora volessimo promuovere la nostra azienda, marchio o business in generale, potremmo usare il nome aziendale.

Per quanto riguarda la categoria, cerchiamo tra quelle che Facebook propone, quella che pensiamo possano essere più vicine al nostro settore di riferimento.

Infine, per quanto riguarda la descrizione, parliamo in poche righe di chi siamo cosa facciamo, qual è lo scopo della pagina e mettiamo sempre una call to action finale, così invitiamo a cliccare mi piace e seguirci.

Ora dovremo scegliere un'immagine di profilo e una copertina. Anche in questo caso, se la pagina serve a promuovere noi come influencer o come professionisti, possiamo usare come immagine di profilo una nostra foto in primo piano, se invece si tratta di una pagina aziendale possiamo usare il logo della nostra attività.

Invece, per quanto riguarda l'immagine di copertina è importante che sia esteticamente attraente. Può contenere il Payoff, ovvero, una frase breve che rappresenti noi o la nostra azienda e quello che facciamo.

Per creare una copertina che lasci un segno e

personalizzata in modo gratuito consigliamo di usare dei siti di grafica appositi per questa funzione.

Una volta iscritti possiamo selezionare direttamente copertina per Facebook, quindi, verranno proposti una serie di modelli pronti e modificabili.

In alternativa, possiamo sempre crearla direttamente da zero.

Non ci resta che inserire le nostre informazioni di contatto, come numero di telefono, email, sito web o quello che ci sentiamo di condividere e rendere pubblica la nostra pagina.

Detto ciò possiamo iniziare a creare contenuti di valore da condividere.

Dobbiamo, però, fare delle differenze tra le due piattaforme pubblicitarie più potenti di internet, ovvero, Facebook e Google.

Certamente su entrambe lo scopo è quello di

fare pubblicità per far conoscere il nostro personal brand o vendere i nostri prodotti o servizi, ma il funzionamento e la strategia di queste due piattaforme è molto diversa.

Facebook è un social network, Google è un motore di ricerca, di conseguenza sarà molto diverso anche il pubblico al quale ci rivolgeremo e la sua predisposizione verso gli annunci pubblicitari.

Su Google gli utenti vanno per cercare qualcosa, effettuano la ricerca dei loro interessi, Google mostra loro i risultati della ricerca e all'interno di quei risultati ci sono anche degli annunci sponsorizzati. Quindi, in questo caso gli annunci saranno pertinenti alla ricerca che l'utente ha fatto e si può parlare di intercettazione della domanda consapevole.

Facebook funziona in modo differente.

Gli utenti usano i contenuti in modo passivo scorrendo il proprio feed, non si fanno delle ricerche specifiche. L'algoritmo mostrerà, quindi, annunci pubblicitari in base ai nostri interessi, ovvero le pagine e gruppi che seguiamo, e in base alla nostra navigazione.

Quindi, su Facebook Ads si parla di intercettazione della domanda latente.

A volte può risultare come se Facebook ci leggesse nel pensiero quando ci mostra gli annunci sponsorizzati, in realtà, però questo capita perché in base ai nostri gusti e interessi ci mostra gli annunci più vicini a noi.

Inoltre, se siamo degli inserzionisti, dobbiamo sapere che l'algoritmo di Facebook è in grado, attraverso il pixel di imparare e selezionare un pubblico sempre più specifico e pertinente al quale mostrare i nostri annunci.

Infine, una terza grande differenza riguarda il budget.

Se siamo agli inizi e abbiamo un budget medio-basso da destinare alla pubblicità, il consiglio è quello di partire da Facebook.

Detto ciò dobbiamo capire come creare un annuncio pubblicitario su Facebook.

La prima cosa da fare se volessimo sponsorizzarci su facebook è creare il nostro Business Manager. Si tratta di un account dal quale sarà possibile gestire tutto ciò che riguarda le nostre campagne pubblicitarie.

Per aprire il nostro Business Manager dobbiamo andare su business.facebook.com, registrarci e collegare l'account al nostro profilo.

Una volta creato l'account, potremo creare un business manager per ogni pagina Facebook che gestiamo, all'inizio massimo per sei.

A questo punto clicchiamo sul pulsante crea ed inizierà il processo guidato di creazione della ads.

In primis ci verrà richiesto di selezionare lo scopo della campagna.

Gli scopi si dividono in tre categorie: notorietà, considerazione e conversione.

Ora dovremo selezionare il target, ovvero, il pubblico di utenti al quale mostrare il nostro annuncio. Potremo creare un nuovo pubblico, inserendo età, genere, lingua, localizzazione geografica e interessi. Oppure potremo usare un pubblico salvato, nel caso avessimo già fatto altre campagne, oppure ancora, possiamo selezionare un pubblico personalizzato.

Insomma, le possibilità di targetizzazione su Facebook sono tante ed esistono corsi specifici dedicati solo a questo argomento.

Mentre selezioniamo le caratteristiche e gli interessi del nostro pubblico target, Facebook calcola una stima della copertura giornaliera, ovvero il numero approssimativo di persone che potrebbe vedere i nostri annunci quotidianamente.

A questo punto dovremo scegliere il

posizionamento, ovvero, dove vogliamo che il nostro annuncio venga pubblicato. All'inizio si consigliano posizionamenti automatici e lasciar gestire il tutto all'algoritmo.

Se invece volessimo avere un maggior controllo, possiamo scegliere se mostrare i nostri annunci solo su Facebook, anche su Instagram o anche sull'audience network.

Ora dovremo selezionare il budget, ovvero, quanto siamo disposti a spendere per la nostra promozione. Possiamo scegliere un budget giornaliero o uno totale da distribuire nell'arco di un determinato periodo di tempo.

Infine, dovremo creare gli annunci veri e propri. Potremo scegliere un post della nostra pagina già pronto da usare come sponsorizzata, oppure creare un nuovo post scegliendo una foto o un video e il testo da collegare.

Come abbiamo anticipato, gli obiettivi si possono suddividere in tre grandi gruppi ovvero:

notorietà, considerazione, conversione.

Gli obiettivi di notorietà riguardano:

- Notorietà del brand per mostrare il nostro marchio e renderlo popolare. Si tratta di un obiettivo poco costoso, ma con un ritorno dell'investimento basso perciò si sconsiglia di adottarlo

- Copertura per mostrare a più persone possibili il nostro annuncio

Gli obiettivi di considerazione riguardano:

- Traffico verso una nostra pagina del sito web, ma senza per forza dover compiere un'azione specifica come acquistare qualcosa o lasciare i dati. E' usata spesso per far leggere un articolo o una guida e successivamente ri-targetizzare coloro che l'hanno letta con l'obiettivo conversione

- Interazione per ottenere più interazioni attraverso i like, commenti, condivisioni verso un nostro post. È utile per spingere un post che riteniamo particolarmente importante e mostrarlo a chi già ci segue per assicurarci che lo veda, oppure a coloro che non ti conoscono ancora per fare in modo che inizino a seguirci

- Installazione dell'app con l'obiettivo di far installare appunto la nostra applicazione. Pagheremo una certa cifra in base al numero di persone che la installeranno

- Visualizzazioni del video con l'obiettivo di ottenere più visualizzazioni possibile. I video sono uno dei tipi di post con l'engagement più alto, quindi non sottovalutare la potenza di questo strumento

- Generazione di contatti poiché se vendiamo un prodotto o un servizio, sarà fondamentale creare una nostra lista di clienti o potenziali clienti. Magari potremo offrire qualcosa omaggio in cambio dalla loro email o numero di telefono. Ecco, in questo caso l'obiettivo più adatto è proprio questo. È uno dei tipi di obiettivo più popolari, insieme all'obiettivo conversione. Questo perché si tratta di campagne finalizzate alla vendita e per le quali è più semplice calcolare un ritorno dell'investimento, a differenza di campagne di notorietà o engagement

- Messaggi non è attivo per le campagne in Europa in quanto non era in linea con le normative sulla privacy.

Infine, abbiamo tre obiettivi per la conversione:

- Conversioni, l'obiettivo più popolare in assoluto. Con questo tipo di campagne possiamo indirizzare gli utenti direttamente su una pagina del nostro sito in cui si chiederà un'azione specifica, come lasciare i dati di contatto o acquistare un prodotto o servizio. Nel primo caso è molto simile alla campagna precedente, ma si differenzia per il fatto che in questo caso gli utenti lasciano i dati sul nostro sito web, mentre nel caso di generazione contatti li lasciano direttamente all'interno di Facebook

- Vendita di prodotti del catalogo, se abbiamo un e-commerce, Facebook Ads permette di caricare il nostro catalogo di prodotti su Facebook Shop e promuovere i prodotti in modo semplice e diretto, sia a coloro che hanno già acquistato altri prodotti da noi sia a coloro che non hanno ancora acquistato nulla

- Traffico nel punto vendita con lo scopo di portare le persone nel nostro negozio fisico. Se non abbiamo un e-commerce o un sito web ma abbiamo un vero negozio, potremmo creare degli eventi offline nella sezione dedicata del

Business Manager e fare degli annunci specifici per invitare gli utenti a venirci a trovare in negozio.

Abbiamo già visto in precedenza come creare una pagina Facebook da zero, impostare tutte le configurazioni e scegliere un'immagine di profilo e di copertina. Quello che certamente nessuno vorrebbe sarà vedere la nostra pagina vuota, senza nessun utente che segue e commenta i nostri contenuti.

Ecco perché, soprattutto all'inizio, il consiglio è quello di promuovere la nostra pagina attraverso la piattaforma di advertising.

In questo modo vedremo la nostra pagina crescere e popolarsi di utenti in target interessati agli argomenti da noi discussi. E soprattutto dobbiamo sapere che una campagna like ha costi veramente molto bassi e con pochi euro al giorno potremo ottenere ottimi risultati.

Ma come si fa a sponsorizzare una pagina?

Sarà possibile farlo in due modi: o dal business manager, selezionando la campagna "like" o "mi piace" se abbiamo il Business Manager in italiano oppure possiamo farlo entrando nella nostra pagina e cliccando su "promuovi", accedendo così a quelle che vengono chiamate inserzioni automatiche o inserzioni automatizzate. In questo caso saremo indirizzati verso una procedura guidata, molto semplice e basica, in cui fondamentalmente dovremo scegliere tra:

- Creatività dell'inserzione, scegliendo un'immagine, un titolo e un testo per l'inserzione. È possibile creare fino a sei versioni della stessa inserzione variando una delle componenti

- Pubblico, sceglierlo in base a genere, fascia d'età e interessi

- Budget giornaliero, ovvero, quanto si vuole investire ogni giorno per promuovere la nostra pagina, il consiglio è comunque di partire con cifre minime, da uno a cinque euro al giorno. Questa seconda procedura è più semplice e spartana, mentre dal business manager si hanno molte più opzioni e funzionalità, ma per iniziare è più che sufficiente e funziona molto bene.

Un altro modo per far crescere la nostra pagina sana e rigogliosa consiste nel creare campagne con obiettivo interazione sui post che vengono creati. Se ad esempio abbiamo creato un post di testo o video, potremo sponsorizzarlo con obiettivo interazione con lo scopo di ottenere like e commenti al post.

Di riflesso, molti di coloro che apprezzeranno il nostro post metteranno like anche alla pagina e inizieranno a seguirci. In questo modo forse avremo meno like in senso assoluto, ma miglioreremo l'engagement, che sul lungo termine è molto più importante.

Un altro aspetto importante è la fidelizzazione dei clienti che consiste in azioni di marketing con l'obiettivo di mantenere i clienti che hanno già acquistato e fare in modo che tornino ad acquistare in modo ripetuto nel tempo.

Molte volte le aziende e i professionisti si impegnano tanto nelle strategie di marketing per acquisire sempre nuovi clienti, ma non fanno nessuna campagna per ri-acquistare i clienti che già avevano. Infatti, dobbiamo sapere che una persona che ha già acquistato da noi sarà molto più propensa a comprare di nuovo rispetto a coloro che non ci conoscono affatto e non hanno mai comprato nulla.

Per fortuna in questo caso ci viene in aiuto il retargeting, una strategia che permette di rintracciare coloro che hanno già acquistato i nostri prodotti o servizi e inseguirli nel vero senso della parola online.

A tutti noi sarà capitato di cercare un prodotto su Amazon, entrare nella pagina del prodotto e poi uscire senza acquistarlo. Molto probabilmente avremo visto che spesso quel prodotto lo ritroviamo sotto forma di annuncio sponsorizzato un po' ovunque.

Bene, questo è proprio il retargeting.

Si tratta di un tipo di pubblicità che ci permette di selezionare come pubblico coloro che hanno già compiuto una determinata azione, come visualizzare una determinata pagina, lasciare i contatti o acquistare un prodotto.

È possibile fare retargeting su facebook sostanzialmente in due modi: attraverso una lista di contatti oppure usando il pixel di facebook. Il primo metodo consiste nel caricare la lista di contatti dei nostri clienti o clienti potenziali, ammesso che ne abbiamo una.

Attraverso questi dati l'algoritmo rintraccerà i profili Facebook delle persone alle quali vorremo mostrare i nostri annunci.

Per quanto riguarda il pixel, si tratta di un piccolo codice che Facebook usa per tenere traccia delle azioni che un utente compie.

Se abbiamo il pixel installato, ogni volta che qualcuno visita il nostro sito web ed esegue un'azione, il pixel di Facebook si attiva e la registra. In questo modo Facebook saprà che quella persona ha acquistato quel determinato prodotto e ci permetterà di creare annunci sempre più mirati e persuasivi.

Per installare il pixel di Facebook sul nostro sito entriamo nel nostro Business Manager, selezioniamo "Strumenti" dal menù, e poi clicchiamo su "Pixel" nel pannello.

A questo punto clicchiamo su "Azioni" e "visualizza codice pixel". Quello che vedremo è il codice da copiare e installare nel nostro sito.

Non è nulla di così complicato e ci sono molte video guide online che spiegano come installarlo, ma se non siamo troppo abituati alla programmazione e abbiamo paura di fare qualche danno il consiglio è quello di farci aiutare da un tecnico.

Di recente, inoltre, Facebook permette di fare retargeting anche su coloro che hanno interagito con la nostra pagina negli ultimi 30 o 60 giorni, coloro che hanno visto i nostri video e molte altre opzioni che possiamo sfruttare anche se non abbiamo un sito web sul quale installare il pixel.

Un ruolo fondamentale nel determinare il successo che avremo nel promuovere il nostro brand o personal brand lo gioca la comunicazione.

Il modo in cui parleremo di determinati argomenti di interesse per la nostra nicchia di riferimento fa la differenza sia a livello di quantità di persone che ci seguiranno, sia a livello di engagement, cioè di relazione che riusciremo ad instaurare.

Con l'avvento di Internet e in modo particolare dei social network, il modo di comunicare, anche a livello di business, è nettamente cambiato.

Ha perso quasi del tutto la sua efficacia, la comunicazione seria e impostata che usavano le aziende fino a una decina di anni fa.

Questo perché nessuno è interessato alla nostra azienda, o a quanto sono validi i nostri prodotti: le persone vogliono sentir parlare di problemi e soluzioni.

Le persone ci seguiranno e penderanno dalle nostre labbra se mostreremo loro di capirli, se potranno immedesimarsi nella nostra posizione e soprattutto se gli mostreremo le soluzioni ai loro problemi. Quindi se volessimo avere sempre argomentazioni fresche ed accattivanti pensiamo a quali problemi, frustrazioni, disagi, aspirazioni, desideri, possono avere i nostri clienti nella loro vita. Quindi strutturiamo le nostre comunicazioni, che siano scritte o video, sempre seguendo lo schema problema e soluzione.

Prendiamo, ad esempio, di nuovo la nicchia dell'allenamento.

Quali problemi, frustrazioni, disagi, aspirazioni, desideri possono avere persone che seguono un personal trainer?

Ce ne sarebbero a migliaia, ma pensandoci bene potremmo dire:

- Non riesco a perdere massa grassa

- Non riesco a definire bene gli addominali

- Vorrei avere un fisico più armonico

- Vorrei delle spalle più muscolose

Diciamo che possiamo preparare una lista del genere, anche basandoci sui commenti e le interazioni dei nostri utenti oppure facendo ricerche su internet, su pagine dei nostri concorrenti e così via.

Da questa lista potremo poi andare a creare dei contenuti in cui si parlerà del problema specifico e fornire una soluzione, che ovviamente deve comprendere i nostri prodotti o servizi.

Magari potremo mostrare uno o due esercizi specifici per quel problema e poi rimandarli, se vogliono, all'acquisto del programma completo che risolve definitivamente lo specifico problema.

L'avvento di Internet non ha cambiato solo il modo di vendere, ma anche il mondo del lavoro che ruota intorno al vendere.

CAPITOLO 3

Instagram

Instagram nasce come social specializzato per condividere foto e immagini, ma pian piano si è evoluto ed è cresciuto sempre di più nel corso degli anni.

Nel 2012 Instagram è stato acquistato dalla società di Mark Zuckerberg per un miliardo di dollari. Ad oggi ne vale più di cento.

Molti l'hanno definito l'affare del secolo, infatti, da quando è stato acquisito da Zuckerberg, Instagram ha subito notevoli e costanti modifiche come l'aggiunta di nuove e interessanti funzionalità, migliore usabilità, possibilità di inviare messaggi diretti e pubblicare storie, possibilità di fare advertising e molte altre funzioni hanno fatto esplodere in modo inverosimile il numero di utenti.

Oltre ad essere diventata una delle piattaforme

più indispensabili per la comunicazione e la crescita di brand sia aziendali che personali.

A differenza di Facebook, in cui prevalgono i contenuti scritti, su Instagram la comunicazione è prettamente visiva, con immagini e brevi video che ne catturano l'attenzione e ne rendono la comunicazione veloce e leggera.

Il boom di Instagram è derivato soprattutto dall'introduzione della funzionalità storie, cioè la possibilità di condividere dei brevi racconti momentanei che sono visibili soltanto per 24 ore dalla pubblicazione.

Fondamentale è l'uso degli Hashtag, cioè delle parole chiave che bisogna associare ai contenuti che vengono pubblicati sul nostro profilo in modo da renderli più facilmente visibili a coloro che sono interessati agli argomenti trattati nei nostri post.

Instagram ha il più alto tasso di coinvolgimento degli utenti rispetto ai principali social, superando anche Facebook e Twitter.

Questo ne fa uno strumento indispensabile, che non si può non sfruttare al meglio per promuovere la nostra attività o il nostro personal branding.

Vediamo insieme come creare un profilo Instagram e impostarlo al meglio.

Il profilo sarà il nostro biglietto da visita, quello che vedranno le persone che entreranno per vedere chi siamo e di cosa ci occupiamo.

È quindi superfluo dire che tutto dovrà essere curato nei minimi dettagli.

Prima di cominciare a creare il nostro profilo e impostarlo nel modo corretto, dobbiamo sapere che Instagram nasce come applicazione per Smartphone, non come sito per computer, a differenza di Facebook.

Quindi, questa applicazione ha una migliore usabilità attraverso Smartphone perciò consigliamo di scaricare l'applicazione di Instagram dall'App Store, se si possiede un iPhone, o dal Google Play Store, se si possiede uno Smartphone con Android.

Successivamente, se volessimo usare la piattaforma di advertising, potremo farlo da computer, anche perché è possibile usare tranquillamente il Business Manager di Facebook per fare pubblicità su Instagram, ma per quanto riguarda i contenuti organici si consiglio di usare l'applicazione.

Dopo aver installato l'applicazione, clicchiamo sul pulsante con l'icona di Instagram per aprirla. Clicchiamo su iscriviti inserendo l'indirizzo e-mail o il nostro numero di telefono e clicchiamo su avanti.

Se abbiamo già un account Facebook, possiamo anche cliccare accedi con Facebook per iscriversi automaticamente usando il nostro account Facebook.

A questo punto dovremo cominciare a scegliere con cura le informazioni da inserire, in modo particolare il nome utente, l'immagine del profilo e la bio.

Il nome utente va scelto bene perché non potrà essere cambiato successivamente e soprattutto perché è quello che più di tutti ci identificherà su Instagram. Questo non vuol dire che dobbiamo passare una vita a scegliere quello perfetto, ma almeno cercare di evitare errori grossolani. In breve se il nostro canale riguarderà un personal brand, cioè si vuole promuovere sia noi stessi sia la nostra immagine, la scelta migliore sarà quella di usare nome e cognome, oppure un nome d'arte se ne abbiamo uno.

Se invece il nostro canale sarà basato su un brand, cioè un'azienda o un business online, dobbiamo inserire il nome del nostro marchio se ne abbiamo uno, oppure inventarne uno che sia consono con gli argomenti che tratteremo nel nostro canale.

Per quanto riguarda l'immagine del profilo, anche questa è molto importante e va scelta con grande cura. Anche qui è importante fare una distinzione tra un canale che promuove un brand aziendale e uno che promuove un personal brand.

Nel primo caso, una buona idea è quella di inserire il logo del nostro business per essere identificato e riconosciuto immediatamente.

Se invece il nostro è un canale personale, la cosa migliore sarebbe scegliere una nostra foto in primo piano con uno sfondo che contrasta e ci metta in risalto. Un errore che spesso viene fatto è quello di mettere foto in attività, ad esempio personal trainer che mettono una foto mentre si stanno allenando, infatti, questo sarebbe un ottimo contenuto da condividere nel nostro canale se siamo un personal trainer, magari con una storia abbinata, ma nel caso della foto profilo la sconsiglio, in quanto l'obiettivo sarebbe di renderci facilmente riconoscibile. Inoltre il nostro volto deve restare impresso agli utenti, quindi più siamo visibili meglio sarà.

Infine la Bio. Si tratta forse della parte più importante da compilare, anche se purtroppo molti la lasciano in bianco.

Dopo il nome utente e la foto del profilo è la prima cosa che vedono gli utenti che entrano nel nostro canale. Ecco perché dobbiamo sfruttarla al meglio per cominciare subito una buona impressione e far capire chi siamo, di cosa ci occupiamo e perché dovrebbero seguirci.

Le informazioni che non possono mai mancare in una bio che si rispetti sono:

- Chi siamo e cosa facciamo su Instagram

- Quali contenuti pubblichiamo sul nostro canale? E con quale frequenza?

- Perché dovrebbero seguirci

- Concludere la bio con un'azione consigliata

Arrivati a questo punto è doveroso fare una distinzione tra branding e personal branding.

Nel primo caso si parla di una promozione volta al marchio o ad un'azienda. Nel secondo caso si parla di promuovere sé stessi, le proprie conoscenze e le proprie competenze ed è quella che negli ultimi anni si è maggiormente diffusa.

Entrambe le strategie presentano alcuni vantaggi e svantaggi.

La promozione del marchio è forse più lenta, perché è più difficile che nella mente rimanga impressa un'azienda piuttosto che una persona, ma d'altra parte se un domani volessimo staccarci dalla nostra azienda, o venderla, avremmo certamente un ottimo posizionamento totalmente cedibile.

Al contrario, se si promuovesse soltanto noi

stessi come professionisti, non sarà possibile cedere la nostra attività e la nostra autorità a qualcun' altro così improvvisamente.

Anche se oggi le persone tendono sempre più a fidarsi e acquistare da altre persone e non da aziende.

Con il personal branding, cioè mettendo noi stessi in prima fila, abbiamo certamente maggiori possibilità di creare un legame, una connessione con chi ci segue.

Usare tecniche di storytelling o la creazione di contenuti in cui raccontiamo il nostro lavoro, cosa facciamo, i benefici che portiamo ai nostri clienti e a chi ci segue, rende molto più facile creare una relazione con i potenziali clienti.

Questo ha un impatto da non sottovalutare sulle vendite e quindi sul fatturato.

Su Instagram sicuramente è più semplice applicare una strategia di personal branding, ma nel complesso non esiste una scelta che vada bene per tutti i casi, dovremo piuttosto valutare quali pro e contro possa avere ogni strategia che faccia al nostro caso.

Come abbiamo detto, Instagram è il social con il più alto tasso di coinvolgimento rispetto a qualsiasi altro social, cioè quello in cui gli utenti interagiscono maggiormente con i contenuti postati.

Quindi, possiamo dire che l'engagement è il livello di coinvolgimento che i nostri utenti hanno con ciò che pubblichiamo. Un alto tasso di engagement è il segnale che stiamo andando nella direzione giusta e che i nostri followers sono interessati a ciò che diciamo.

Se pubblichiamo post su post, abbiamo una pagina con centinaia o migliaia di iscritti, ma nessuno commenta, mette like o condivide, allora, questo è un segno evidente che stiamo sbagliando qualcosa.

Le tipologie di interazioni possono essere:

- Mi piace al canale

- Commento, like o condivisione

- Acquisti in caso di offerte

- Visualizzazioni

Più saranno le interazioni che ricevono i nostri post, più vorrà dire che il nostro pubblico sia coinvolto. Dobbiamo sapere che esistono diversi fattori che influenzano il tasso di coinvolgimento su Instagram:

- l'orario di pubblicazione di un post

- il numero di follower

- la frequenza di pubblicazione

- il contenuto

- l'algoritmo di Instagram

Per quanto riguarda l'orario di pubblicazione, non esiste una regola precisa. In parte dovremo affidarci al buon senso e in parte ai test.

Il buon senso è utile per rendersi ovviamente conto che un contenuto postato alle tre di notte avrà meno interazioni rispetto ad uno pubblicato alle undici di mattina.

Quindi, bisogna chiedersi quali sono gli orari in cui probabilmente i nostri utenti siano online?

A questo punto ci vengono in soccorso i test. Proviamo a pubblicare contenuti in diversi orari del giorno e valutiamo quante interazioni ricevono.

Se, ad esempio, vediamo che pubblicando alle undici si ricevono subito cento interazioni e pubblicando alle sedici del pomeriggio ne ricevono centocinquanta, e questo pattern si verifica con costanza, allora avremo trovato l'orario migliore per noi.

Ma, non bisogna mai smettere di testare, perché il livello di interazione in base all'orario può cambiare nel corso del tempo.

Invece, per quanto riguarda il numero di

followers, dobbiamo sapere che il tasso di interazione diminuisce all'aumentare del followers.

Più il nostro canale crescerà nel numero di followers, meno interazioni avremo in proporzione.

Studi specifici hanno dimostrato che un canale tra i mille ed i tremila followers ha un engagement rate dell'8%.

Un canale con più di diecimila followers scende al 4%. Se si raggiunge oltre il milione di followers il tasso di engagement si assesta all'1,7%. Questo è un meccanismo implicito dell'algoritmo di Instagram per aiutare a crescere i piccoli canali e a raggiungere un buon livello.

Ma quindi è meglio restare con un canale piccolo? Ovviamente no, perché anche se la percentuale di engagement si riduce, in termini assoluti si raggiungono sempre più persone con un canale grande.

La principale causa di insuccesso è il fatto che la maggior parte delle persone che apre un canale Instagram si affida a quella che in gergo viene detta "strategia della speranza".

In pratica iniziano a pubblicare contenuti a caso, senza alcun senso logico, sperando di avere successo e che un giorno si sveglino con migliaia di followers arrivati così dal nulla.

Con questo si comprende bene che la speranza non è affatto una strategia.

Quello che si vuole è una strategia pratica, affidabile e replicabile che ci porti ad ottenere dei risultati misurabili e concreti. Ecco perché è opportuno introdurre il principio del valore.

Questo perché se è vero che le persone navigano su Instagram soprattutto per intrattenimento, è anche vero che devono in ogni caso ricevere del valore in cambio del loro tempo e della loro attenzione.

Se vogliamo l'attenzione e il tempo delle persone, dovremo pubblicare contenuti pertinenti e che portino un valore a chi li guarda.

Se ad esempio siamo un personal trainer e pubblichiamo foto di noi che andiamo in moto, che valore stiamo portando a chi ci segue?

Nessuno.

Prima di tutto perché quel contenuto non ha nulla a che fare con la nostra nicchia, e poi chi lo guarda non sta avendo nessun beneficio.

Se invece pubblichiamo un video in cui mostriamo un nuovo esercizio per aumentare la forza delle gambe, è sicuramente pertinente per il nostro target e stiamo anche insegnando qualcosa che non sapevano, quindi stiamo trasmettendo del valore.

Per creare contenuti di valore è fondamentale conoscere in modo dettagliato i nostri followers. Più li conosciamo bene e più potremo comunicare in modo mirato e attraente.

Esistono altre due strategie che possiamo usare per creare contenuti di valore per i nostri followers.

La prima consiste nel chiedere direttamente a loro. Facciamo un post in cui chiediamo cosa vorrebbero chiederci, di quale argomento vorrebbero parlassi nel nostro prossimo video e così via. La seconda consiste nel testare.

Man mano che postiamo i nostri contenuti, valutiamo quante interazioni ricevono.

Se ad esempio notiamo che i video ricevono mediamente più interazioni delle foto, è un segnale evidente che i nostri utenti preferiscono i video.

Oppure potremmo notare che interagiscono di più quando parliamo di un determinato argomento, e quindi potremmo fare degli approfondimenti su quello.

Tutto questo ci sarà utile quando andremo ad elaborare una content strategy di successo. Per farlo partiamo dalle strategie che abbiamo appena suggerito e teniamo presente che dovremo sempre continuare ad aggiornare e rimpolpare continuamente questa lista con nuove idee e spunti, magari osservando anche i concorrenti, leggendo i commenti che ci lasciano i nostri followers e così via.

Insomma, non bisogna mai restare senza idee. A questo punto andremo a creare una Content Strategy per il nostro canale.

Cos'è una Content Strategy? In breve possiamo dire che è la strategia con la quale andremo a pubblicare i contenuti sul nostro canale. Comprende la frequenza di pubblicazione, il formato, gli obiettivi e gli argomenti.

In primis bisogna decidere con quale frequenza si vogliano pubblicare i nostri contenuti, considerando che i post su Instagram sono quasi usa e getta, vengono pubblicati, raggiungono velocemente l'apice della loro visibilità e dopo poco finiscono nel dimenticatoio. Ecco perché è importante pubblicare contenuti anche brevi, che non siano troppo impegnativi da produrre, ma con costanza ed elevata frequenza.

Il consiglio è quello di pubblicare almeno tre volte a settimana, soprattutto se siamo all'inizio, ma se riuscissimo a farlo una volta al giorno o anche di più, ancora meglio.

Ovviamente dobbiamo tener presente anche il tempo che si ha a disposizione da dedicare al nostro canale e regolarsi di conseguenza.

L'importante è mantenere una certa costanza e regolarità. Per capirci, se la prima settimana pubblichiamo tutti i giorni e poi iniziamo a pubblicare una volta a settimana, non va bene.

Meglio stabilire una tabella di marcia sostenibile e mantenerla nel tempo. Se sappiamo di riuscire tranquillamente a pubblicare solo tre contenuti a settimana, creiamo il piano editoriale su questa base.

La seconda cosa che dovremo decidere è in quale formato pubblicare.

Possiamo scegliere tra foto, video, diretta, storia e così via.

Il consiglio è quello di alternare i diversi formati, magari una volta video, una volta foto, una volta storia e così via. In questo modo, soprattutto se siamo agli inizi, abbiamo modo di testare e valutare quali tipi di formati vengono maggiormente apprezzati dai nostri followers.

Se vediamo che nel tempo i video sono quelli che generano maggior engagement e portano nuovi followers, ci indirizzeremo sempre più verso quelli. Infine dovremo decidere l'obiettivo del nostro contenuto. Pubblicare un contenuto a caso, senza un obiettivo, è sempre una cattiva idea.

Se non abbiamo ben chiaro cosa vogliamo ottenere con un determinato contenuto, non potremo trasmetterlo a chi ci segue.

A questo punto siamo pronti per creare il nostro piano editoriale, ovvero, la nostra strategia di pubblicazione dei contenuti.

Ci basterà un documento excel, oppure un semplice foglio di carta in cui andremo a scrivere:

- Il giorno in cui pubblicare
- L'orario
- Il formato, foto, video, diretta, storia
- L'obiettivo, engagement, followers, vendita e così via
- L'argomento del post
- Hashtag da usare

Il consiglio è di creare un piano editoriale per almeno tre settimane e aggiornarlo sempre in modo da avere sempre ben chiaro quando dover pubblicare, cosa e con quale obiettivo.

Approfondiamo ora l'argomento Hashtag.

Hash, significa cancelletto e Tag etichetta ed è una parola chiave associata a qualcosa.

Quindi, la selezione degli hashtag non è una cosa che si fa a caso, ma ha uno scopo ben preciso e definito. Lo scopo è scegliere hashtag, cioè argomenti o parole chiave che gli utenti interessati alla nostra nicchia potranno trovare con più facilità.

Ad esempio se creiamo l'hashtag #esercizipergambe, tutti gli utenti interessati a quell'argomento potrebbero trovare il nostro post semplicemente facendo quel tipo di ricerca.

Quindi in poche parole gli hashtag servono per fare in modo che utenti in target con i nostri argomenti ci trovino e arrivino nella nostra pagina.

Questo si traduce con un maggiore traffico e un maggior numero di follower.

Nella scelta degli hashtag dobbiamo tenere presente due punti fondamentali:

- Devono essere inerenti agli argomenti di cui parliamo

- Dobbiamo cambiarli frequentemente

La prima cosa fondamentale è che gli hashtag che scegliamo siano pertinenti per la nostra nicchia e per gli argomenti di riferimento. Questa è anche la più ovvia, in quanto se i nostri post non rispecchiano effettivamente gli hashtag selezionati, i risultati saranno deludenti.

Diversamente, se selezioniamo con cura gli hashtag giusti verremo trovati da una valanga di persone in target e interessate agli argomenti di cui si parla.

Il secondo punto fondamentale, e anche il meno conosciuto, è l'importanza di variare. Quasi tutte le persone che si approcciano al mondo di Instagram trovano gli hashtag più popolari della propria nicchia, cioè quelli che hanno il maggior numero di post, e usano sempre quelli.

Per far in modo che un post raggiunga più

persone possibile, quello che bisogna fare è creare gruppi hashtag di diverse dimensioni.

In questo modo avremo una maggiore esposizione e una maggiore probabilità di scalare l'algoritmo, tutto ciò per noi si traduce in più follower.

Per capire meglio dobbiamo dividere gli hashtag in tre fasce:

- Piccoli da 0 a 50 mila post pubblicati
- Medi da 50 a 500 mila post pubblicati
- Grandi da 1 milione di post in su

Quello che dovremo fare sarà creare dei gruppi composti da: dieci hashtag piccoli, dieci hashtag medi, un paio di hashtag grandi.

Questo ci permette di creare un gruppo di hashtag scalabile, che porterà il nostro contenuto ad avere l'esposizione maggiore, cioè raggiungere un numero di persone più ampio possibile.

Questa strategia va letteralmente a crackare l'algoritmo di Instagram.

Selezionando gli hashtag più piccoli si hanno buone possibilità di posizionarsi bene, perché c'è poca competizione e di conseguenza c'è una maggiore probabilità di finire nei post più popolari. Questo significa che il nostro post inizierà ad avere una buona esposizione e che molte persone lo vedranno e, se sarà interessante, metteranno like.

Tali interazioni che arrivano dai tag più piccoli ci permettono di aumentare la popolarità e, di conseguenza, si hanno buone probabilità di finire tra i post più popolari anche negli hashtag medi, ricevendo così molte più views e like. Allo stesso modo, la visibilità ottenuta dagli hashtag medi spinge il nostro post nelle vette degli hashtag ancora più grandi e competitivi. In questo modo vedremo i nostri post riempirsi di views e interazioni.

La funzione che ha fatto letteralmente esplodere

la popolarità di Instagram è quella delle storie, sicuramente uno degli strumenti che saranno più utili per promuovere il nostro brand o personal brand.

Le storie sono nient'altro che foto o brevi video della durata di massimo quindici secondi, che restano visibili solo per le 24 ore successive alla pubblicazione. Sono molto utili per mantenere alto l'interesse dei nostri follower e sono fondamentali per coloro che si approcciano a questo social e vogliano farsi conoscere.

Quando pubblichiamo una storia, i nostri followers vedranno un cerchietto con l'immagine del nostro profilo nella parte superiore dello schermo e potranno visualizzarla semplicemente cliccandoci sopra.

Le storie sono utili perché ci permettono di richiamare l'attenzione dei followers su di noi e su quello che stiamo facendo, restando sempre ben impresso nella loro mente e ribadendo il fatto che siamo presenti e che stiamo lavorando per loro. Nelle storie infatti potremmo raccontare la nostra giornata, un proverbio divertente o interessante per il nostro target, o ancora annunciare un prossimo contenuto come una diretta o un video di valore.

Immaginiamo le storie come uno strumento per ricordare la nostra presenza alle persone che ci seguono e far si che non si scordino mai di noi e soprattutto non perdano interesse. Consideriamo però che, anche se l'aspettativa di vita di una storia è di 24 ore, già dopo 7-8 ore essa perde di visibilità, quindi dovremmo riuscire a pubblicarne almeno una al giorno. Pubblicarne un paio sarebbe l'ideale per rimanere sempre tra le prime posizioni nei feed dei nostri followers.

In tal modo non passeremo di certo inosservati a coloro che seguono la nostra pagina.

Per creare una storia è molto facile, basterà seguire i seguenti passaggi.

Dalla schermata principale dell'applicazione, selezioniamo l'immagine del profilo in alto a sinistra.Scattiamo una foto o registriamo un breve video tenendo premuto il pulsante della fotocamera. Se invece volessimo aggiungere foto già scattate, sarà sufficiente muovere con il dito verso l'alto oppure scegliere la galleria in basso a sinistra.

Qualora volessimo potremo aggiungere del testo con l'icona Aa, applicare dei filtri, usare delle emoji o sticker oppure inserire degli hashtag. A questo punto, per pubblicarla è sufficiente selezionare "La tua storia" e sarà visibile ai nostri follower e agli altri utenti Instagram per le 24 ore successive.

Se invece sceglieremo "Salva" verrà salvata nella nostra galleria personale, come una fotografia o un filmato normale.

Una funzionalità introdotta di recente e molto interessante è quella del DM Me. Il DM Me è un'etichetta che possiamo inserire nelle storie e che permette a coloro che ci seguono di contattarci direttamente cliccando sull'icona. In questo modo si facilita la comunicazione con gli utenti, la loro interazione e, di conseguenza, il loro coinvolgimento. Altra funzionalità molto interessante e utile sono le Questions.

Si tratta di domande che possiamo fare al nostro pubblico e che saranno oro colato per capire meglio cosa il pubblico cerca da noi.

Quando siamo a corto di idee e non sappiamo che contenuti creare, facciamo un question box e chiediamo direttamente ai nostri follower cosa vorrebbero vedere, che contenuti vorrebbero che creassimo per loro oppure se vogliono approfondimenti particolari su argomenti di cui abbiamo già parlato.

I messaggi in Direct non sono altro che la messaggistica privata di Instagram, con la quale gli utenti possono scambiarsi messaggi, un po' come succede con Messenger su Facebook. Questa funzione è stata inserita soltanto nel

2013, mentre prima si poteva comunicare solo taggando gli utenti. Si accede ai Direct cliccando sull'icona a forma di aeroplanino, come raffigurato nell'immagine.

Attraverso i Direct è possibile inviare:

- Messaggi di testo semplici

- Foto o video dalla nostra galleria

- Foto o video temporanei, ovvero che possiamo vedere solo una volta, scattati direttamente attraverso l'applicazione

- Note vocali

Si tratta di strumenti utili per comunicare con i nostri utenti e quindi stabilire un legame e una connessione più forti.

Inoltre, se siamo bravi a comunicare e a stimolare la comunicazione tra noi e loro, potremmo chiedere consigli sugli argomenti da trattare, spunti per i nostri futuri contenuti e molto altro ancora.

Come abbiamo visto, potremmo creare una domanda in cui chiediamo di scriverci suggerimenti e argomenti per i prossimi contenuti, e i nostri followers potranno scriverci direttamente le loro idee e proposte.

Altra funzione, introdotta soltanto da poco tempo, è quella che riguarda un IGTV.

Questa permette di creare e vedere dei video che durano più di un minuto.

È uno strumento molto utile soprattutto se usato bene, perché consente di creare un legame diversa rispetto ai video brevi.

Soprattutto, i video lunghi aiutano a generare autorità intorno alla nostra persona e al nostro business.

Un altro vantaggio di IGTV è che, almeno ora che è una funzione abbastanza recente e non inflazionata, ha una maggiore copertura e riceve molte impression rispetto ai video più brevi.

La procedura per creare una IGTV è molto semplice e intuitiva.

Vediamo insieme i principali passaggi.

Entriamo nella sezione IGTV.

Clicchiamo sul pulsante + 3, selezioniamo il video che vogliamo caricare, scegliamo la copertina, che può essere un'immagine selezionata direttamente dal video, oppure una foto dalla nostra libreria, aggiungiamo titolo e descrizione del video.

Suggeriamo poi di registrare i video in verticale perché così occuperanno tutto lo schermo di coloro che li visualizzano e saranno più piacevoli da vedere.

Al contrario, se registriamo il video in orizzontale verrà tagliata in automatico la parte in eccesso.

Una volta aver pubblicato il nostro video nella IGTV, ecco alcuni semplici consigli per sfruttare al massimo la visibilità che questo strumento può offrirvi: pubblichiamo sempre l'anteprima del video nel nostro feed poiché così il video sarà visibile non solo nella ricerca delle IGTV, ma anche nella home del nostro profilo. Avremo così due fonti di accesso e di conseguenza raggiungeremo molte più persone. E' possibile inserire link cliccabili all'interno della descrizione delle IGTV cosicché da poterle sfruttare per indirizzare gli utenti verso i contenuti che più preferiamo. Se ad esempio abbiamo creato una pagina di presentazione del nostro nuovo corso sull'allenamento fitness, potremmo mettere il link nella descrizione e ricevere un sacco di visitatori interessati. Possiamo mettere il link del nostro video anche in una storia.

Una volta creata la nostra IG TV, il consiglio è quello di creare una storia in cui i nostri utenti troveranno il link diretto per accedere alla visione di quel video specifico.

In questo modo rendiamo più facile l'accesso: considerando che le persone sono pigre, meno clic li separano dalla visualizzazione, meglio sarà.

Instagram è molto più di un social dove si caricano soltanto video e foto.

È un vero strumento imprenditoriale dove si possono far soldi partendo da quelle che sono le proprie passioni, un modo per fare business in modo del tutto professionale, ma in maniera molto più veloce raggiungendo anche persone che vivono dall'altra parte del mondo.

CAPITOLO 4

Quora

Questo social network viene usato per condividere domande e risposte.

Permette alle persone di domandare, rispondere e anche di modificare i propri pareri o opinioni che riguardano diversi argomento o settori.

Quindi questo fantastico canale di comunicazione può aiutare i suoi iscritti a soddisfare ogni tipo di curiosità in base a qualunque tipo di interesse, permettendo anche di interagire all'interno della community.

Questa piattaforma è stata co-creata nel 2009 da Adam D'Angelo e Charlie Cheever.

Nel Dicembre del 2010 la fama di Quora cominciò a crescere parecchio, infatti, oggi il numero di persone iscritte continua ad aumentare notevolmente.

Il sito Quora in italiano è arrivato nell'aprile 2012. Anche agli utenti italiani hanno avuto l'opportunità di scoprire il piacere della conoscenza mettendosi alla prova con un nuovo tipo di forum.

Le persone usano Quora principalmente per chiedere, ad esempio, dei suggerimenti sulla propria vita personale o professionale, per avere maggiori informazioni su prodotti e servizi o anche per chiedere delle indicazioni esterne su diversi ambiti e tanto altro ancora.

Dopo aver usato Quora per un po' di volte sicuramente ci troveremo ad essere abbastanza coinvolti dal momento che si interagisce con molte persone e tante volte si riescono ad instaurare anche dei veri e propri legami di amicizia.

È comunque uno strumento molto simile ad altri social network perché permette ai suoi fruitori di seguire anche altre persone oltre ad argomenti specifici che suscitano maggior interesse.

Come abbiamo detto, è possibile interagire con gli altri iscritti lasciando dei commenti sulle risposte e chiedendo loro di rispondere ad una determinata domanda.

Usando una piattaforma di questo genere, gli utenti possono valutare in modo positivo o negativo una domanda.

Invece, la funzione di commento permette di partecipare e cominciare una discussione rispetto all'argomento del post.

In linea di massima, possiamo dire che Quora è molto semplice da usare. Le persone iscritte possono essere semplicemente alimentate da pura curiosità o essere dei veri e propri esperti con un elevato livello di istruzione e possiedono conoscenze in diverse aree di studio.

Per iscriversi, è molto semplice.

Andiamo sulla homepage di Quora e vedremo che è possibile registrarsi in diversi modi, anche con il nostro account google facebook o il nostro indirizzo email.

Selezioniamo almeno dieci argomenti da seguire.

Una volta registrati verrà fuori una finestra che ci chiederà dei nostri interessi e ci darà numerosi temi.

Possiamo sceglierne almeno dieci che siano strettamente legati alla nostra persona.

Qualora ritenessimo che gli argomenti siano troppo generali andrà bene lo stesso poiché si potranno sempre cambiare successivamente.

Quindi, compiliamo il nostro profilo.

Quando compiliamo questa sezione dobbiamo tenere bene in mente che bisognerà stabilire che siamo affidabili e soprattutto credibili.

Dobbiamo cercare di dare informazioni nel

modo più veritiero e preciso possibile. Ricordiamo che la descrizione del nostro profilo è fondamentale per le prime impressioni.

Nel momento in cui scriviamo la descrizione assicuriamoci di usare parole che solitamente useremmo nel linguaggio quotidiano.

Per completare al meglio il profilo possiamo aggiungere le qualifiche del nostro attuale impiego oppure alcune informazioni che riguardano l'istruzione o il luogo di domicilio o residenza.

Pubblichiamo una foto del profilo di alta qualità. Scegliamo una foto del profilo che sia presentabile. Inoltre è consigliabile usare la stessa foto che usiamo per gli altri nostri profili social o blog personale.

Ricordiamo sempre che più informazioni inseriamo e più il nostro profilo risulterà professionale e credibile.

Quora ci offre la possibilità di condividere le

nostre risposte su Twitter, Facebook o Linkedin. Possiamo effettuare questo collegamento tramite l'opzione impostazioni nel menu.

Ottimizziamo le nostre impostazioni sulla privacy. Molto importante sono ovviamente le impostazioni sulla privacy. Queste possono essere regolate per massimizzare la nostra visibilità all'interno o all'esterno di Quora. Clicchiamo su impostazioni per modificare e aggiornare queste determinate impostazioni.

Porre una buona domanda è sicuramente uno dei primi passi da compiere per interagire all'interno della community e aumentare il numero di visualizzazioni. Richiede solo un tempo limitato per trovare quella giusta.

Quindi per cominciare si deve dare uno sguardo a quella che è la nostra strategia.

Cosa vorremmo ottenere su Quora?

Qualora già sapessimo cosa voler scrivere dovremmo, allora, cercare le domande che si adatteranno meglio alla nostra risposta.

Se siamo aperti a rispondere a qualsiasi quesito che non sia in linea con i nostri obiettivi di marketing o interessi personali dobbiamo ricordare che questo atteggiamento non è molto positivo. Su Quora si hanno infinite possibilità ma dobbiamo sempre essere concentrati sui risultati che si vorranno ottenere.

Possiamo anche prenderci tutto il tempo necessario e fare le nostre ricerche personali per trovare le giuste domande, ma è molto importante seguire alcuni consigli quali:

- Pensare sempre che la domanda dovrebbe essere convincente così come la risposta e questo ancora prima di scriverla

- Scegliere domande classificate in alto su google. Questo è molto importante soprattutto perché porteranno molto traffico organico alle nostre risposte

- Visualizziamo sempre il numero di feedback perché se il numero sarà basso allora sarà indice di bassa qualità

- Guardiamo sempre le risposte dei nostri concorrenti. I nostri competitor possono essere una valida fonte di ispirazione e conoscenza.

In linea generale non esiste una buona pratica per scrivere delle risposte perfette che portano a loro volta voti positivi o clic.

Esistono, però, alcune regole che ci aiuteranno a raggiungere questi obiettivi.

Le principali linee da seguire sono:

- Mettersi nei panni del lettore e chiedersi cosa stia cercando

- Scrivere nella maniera più chiara possibile

- Leggere tutte le altre risposte e provare a scrivere quella migliore

- Cerchiamo di essere utile per gli altri

- Aggiungiamo immagini, video, statistiche, raccolte di esperti o link a risorse pertinenti per migliorare la credibilità

- Essere creativi

- Cercare di essere breve e coinciso

Il vantaggio principale di Quora non risiede soltanto nel fatto che sia un'ottima risorsa per fornire ai suoi utenti delle risposte ai loro quesiti personali, ma è anche una grande opportunità per fare rete con altri professionisti.

Un altro vantaggio è che si può rimanere aggiornati sulle ultime novità dal mondo o sulle informazioni più insolite. Man mano che più utenti entrano in contatto tra loro il sito diventa inevitabilmente più robusto.

Non è possibile definire Quora un vero e proprio social network, ma può essere in parte considerato come tale.

Possiamo consigliare alcune motivazioni valide per questo social:

- Possiamo scegliere di seguire diversi topic in base ai nostri personali gusti, cosicché non saremo obbligati a seguire pagine che non sono di nostro gradimento

- Permette di diventare un esperto in un determinato settore

- Costruisce rapporti interpersonali

- Si può dare un aiuto concreto agli altri

- Si rimane aggiornati sulle ultime novità

- Si riscopre la sua utilità anche in alcuni settori del digitale come il marketing dei contenuti

- È possibile imparare dai migliori in quanto la qualità di risposte che possiamo trovare è impressionante

Attraverso questo sito possiamo portare a compimento molteplici obiettivi di marketing dei contenuti come ad esempio ottenere più traffico o aumentare la nostra autorità in un determinato settore.

Possiamo, inoltre, affinare alcune strategie di marketing che non sono cosi difficili da compiere, ovviamente bisogna sapere come svolgere il tutto in modo corretto.

Anche se, bisogno sempre verificare le informazioni che troviamo su Quora prima di usarle come fonte di ispirazione nei nostri contenuti. Anche se sia abbastanza affidabile non esistono controlli riguardo la correttezza a livello grammaticale.

Ma perché si dovrebbe usare Quora come strumento content marketing?

Prima di tutto, sicuramente perché si migliora la generazione di lead e le conversioni, infatti, quando forniamo sempre valore reale nelle nostre risposte, le persone amano saperne di più e sono più portati a visitare il nostro sito web, blog o iscriversi al nostro canale youtube e così via.

Poi si raggiungono più persone, infatti, Quora è uno spazio interattivo molto popolare e può aiutarci a raggiungere un pubblico completamente nuovo.

E ancora, si possono gestire i clienti direttamente perché le persone potrebbero anche usare Quora per chiedere informazioni sui nostri prodotti e servizi. Assicuriamoci di essere lì per offrire un ottimo servizio e a rispondere a qualsiasi dubbio o perplessità il prima possibile.

Si conosce il nostro pubblico attraverso le ricerche di mercato perché si tratta di un sito dove ci sono tantissime persone che pongono diversi quesiti, quindi, saremo in grado di scoprire quali esigenze e interessi ha il pubblico di nostro interesse e usarlo per migliorare la nostra strategia.

Altro vantaggio è la flessibilità d'uso. La maggior parte delle persone che fanno marketing su Quora lo considerano uno strumento flessibile poiché non è adatto solo per grandi aziende, ma anche per il piccolo imprenditore indipendente che voglia affermare la propria esperienza in un settore in crescita come quello del digital marketing.

É possibile intercettare possibili parole chiave e trovare una risposta a un nostro topic specifico, esiste una reale opportunità per migliorare i nostri contenuti, e' possibile potenziare la propria autorità professionale o influenza sociale ed infine la pertinenza dei contenuti è sempre valida e attuale.

www.ingramcontent.com/pod-product-compliance
Lightning Source LLC
Chambersburg PA
CBHW070302220526
45465CB00004B/1705